números y ángeles

manual numerología angélica

POR

MÓNIKA RUDNER

A todos los ángeles encarnados y desencarnados que me
acompañaron a lo largo de "Mis Vidas".

ÍNDICE

Prólogo de la autora

He preguntado a los Ángeles antes de comenzar a diseñar este curso y para ello he tomado una tarjetita de las muchas que tengo en casa. En la tarjeta rezaba lo siguiente: Yo soy el ángel elegido para despertar tu corazón. ¡Vive con pasión y comprométete profundamente con lo que amas! Hoy el cielo te regala lo que te hace falta: Concentración y disciplina.

Yo creo en los ángeles, pero no de la forma en la que los pintan normalmente.

Para mí un ángel es una pulsación rápida, nada más…Y nada menos.

Los percibo desde siempre como algo sutil y fugaz, grande y esperanzador.

Mi percepción de los ángeles poco o nada tiene que ver con las formas que los humanos les solemos otorgar.

Siempre he creído en este tipo de energías de una alta vibración, pero nunca despertaron en mí un interés especial, hasta que un buen día me surgieron unas dudas tremendas con respecto a un asunto personal.

Fue ese día, cuando una buena amiga me aconsejó preguntar a mis ángeles y pedirles consejo a cerca de dicho tema cuando todo se desencadenó.

La verdad es que hasta ese momento nunca les había preguntado nada de una forma tan directa a los ángeles, pero ese día, como por inercia, les formulé una pregunta al aire y desde entonces comencé a sentir a mi alrededor tanto su energía, como la magia que los rodea.

La primera sorpresa la recibí justo después de formular aquella primera pregunta y, además, la obtuve casi al instante.

Recuerdo que realicé una llamada a una oficina a la que no sabía si debía o no acudir, pues, de acudir a dicho lugar, estaría dando el primer paso de una decisión muy importante.

Recuerdo también, que cuando la persona que me atendió el teléfono me comunicó que era preferible que me personase en su oficina para completar la información, yo le pregunté donde se encontraba la misma.

Me quedé petrificada al oír la dirección a la que tenía que acudir, pues se trataba de *La calle de los ángeles*. Obviamente acudí a dicha oficina.

Durante los días posteriores a mi visita todo se desarrolló como si de una película se tratase, una película en la cual, las sincronicidades se presentaban una detrás de otra, en cadena, para llevarme en volandas hacia una dirección.

Así que decidí continuar con el asunto y todo ello me sirvió a niveles personales para ayudarme a comprender muchas cosas.

Realmente todo esto causó un antes y un después en mi forma de ver la vida.

La verdad es que yo no puedo asegurarte que todo esto de lo que te hablo en este curso sea totalmente cierto, ni tampoco puedo afirmar con seguridad que los ángeles existan, lo que sí puedo decirte, es que la Numerología Angelical, (al menos en la forma en la que yo la enfoco en mis clases y talleres) te ayudará a tomar conciencia de tus pensamientos y que puede convertirse en una herramienta de gran ayuda, siempre y cuando tengas en cuenta que no hay que perder de vista el sentido común y que es muy importante vivir en estado de coherencia.

Nunca debes obsesionarte con estos ni tampoco con otros temas, y menos aún tomar decisiones importantes basándote únicamente en este o en ningún otro libro.

Por eso te pido que juegues y que disfrutes de este pequeño curso, ya sea de manera presencial, on line o a tu aire, (solo con este manual).

Siempre podrás contactarme para realizar el curso junt@s en mis redes.

Subraya y colorea este manual.
Todos mis libros son para disfrutarlos.

Página web:

https://monikarudnernaturopatia.blogspot.com

Facebook:

monika.rudner

Instagram:

@Rudnermonika

Todos hemos jugado con los ángeles de pequeños

Creo que desde pequeños todos hemos jugado con los ángeles y los números casi sin darnos cuenta de ello. Luego, poco a poco fuimos perdiendo esa naturalidad que hoy vamos a intentar recuperar en este curso-taller.

Recuerdo que cuando era niña, en mi colegio teníamos un juego que consistía en elegir un número del uno al nueve y buscarlo después en las matrículas de los coches: si encontrabas una secuencia de dos números iguales, por ejemplo: 33, decíamos que alguien estaba pensando en ti. Si se repetía tres veces (333) era porque alguien te quería y si eran cuatro (3333) era porque ibas a casarte con esa persona algún día. (Teníamos siete u ocho años por aquel entonces). El cero se consideraba un número neutro, quiero decir, que valía igual que el número elegido. 303 o 330, por ejemplo, eran igual a 333. Mi número por supuesto, era el 3, un número que siempre me marcó y que me sigue marcando.

Así que desde muy pequeña me acostumbré a estar muy atenta a las secuencias numéricas que encontraba en mi camino, y lo cierto es que nunca relacioné aquel juego "el de las matrículas de los coches" directamente con los ángeles, hasta que de adulta asistí a mi primer taller de numerología en el que se abordaba de pasada la numerología angelical.

Según algunas teorías, aquellos a los que comúnmente llamamos ángeles tienen múltiples maneras de comunicarse con nosotros, pero hoy vamos a hablar concretamente de los mensajes que los ángeles nos transmiten a través de la vibración de los números, así como de las secuencias numéricas, pues en ocasiones ellos te darán algunos mensajes que consistirán en una combinación de números de dos dígitos o más.

¿De qué trata la numerología angelical?

Existen diferentes tipos de numerología, cada una de ellas con distinto cometido.

La numerología angelical, a diferencia de la numerología pitagórica o tántrica (que son más matemáticas) es un tipo de numerología totalmente intuitiva que nos llevará a conectar, tanto con nuestros pensamientos, como con nuestros sentimientos más profundos. También, nos invitará a tomar conciencia de todas las veces al día en las que nos dejamos arrastrar por ellos de forma casi automática.

Tomar conciencia plena de lo que hay en nuestras cabezas e interrumpir ese flujo de pensamiento voluntariamente para analizarlo, y así poder comprobar si realmente nos encontramos ante un pensamiento saludable es algo que nos ayuda a reequilibrar dichos pensamientos y a corregirlos o redirigirlos si se hace necesario.

Cuanto más trabajes con el manual de Números y Ángeles más se desarrollarán tu intuición y, tu facilidad para comprender cada mensaje, así como, tu costumbre de trabajar en tus pensamientos y sentimientos de manera natural.

Digamos que cada número tiene su propia vibración y que con la práctica tu podrás llegar a formar tus propios códigos números.

¿Cómo puedo entender lo que los angeles tratan de decirme?

Lo primero que debes hacer antes de comenzar este curso es conectar con la energía de los ángeles. Para eso puedes realizar un ejercicio de lo más sencillo: sitúate en un espacio que te resulte agradable, en el que puedas sentir que la energía fluye correctamente, si puede ser un lugar en la naturaleza mejor que mejor.

Cierra tus ojos y respira profundamente, lento, pausado… Permitiéndole a los ángeles llegar hasta ti, y permitiéndote sentir la energía angelical.

Puedes repetir mentalmente, por ejemplo: hoy (la fecha del día en el que te encuentras) Yo (Tu nombre completo) Me abro a recibir vuestros mensajes a través de las secuencias numéricas, deseo vuestro consejo y apoyo en todas mis decisiones. Gracias, gracias, gracias.

Tú puedes obtener tus propios códigos personales

Una vez que vayas comprendiendo la vibración de

cada número y de las secuencias mixtas de dos números distintos, y que te hagas con ellas podrás pasar a descifrar secuencias más complejas que las aquí te menciono, y no sólo eso, además puedes pedirle a los ángeles que te entreguen tus propios códigos numéricos.

He podido observar con asombro, como en cada curso de numerología que imparto, durante la primera clase, casi todos me preguntan porque se les repite un número combinado complejo (Una secuencia que contiene más de dos números distintos) durante toda su vida.

Casi con seguridad esa persona me está hablando de uno de sus códigos personales que, aunque aún no entiende muy bien la razón de tropezarse con él, ni tampoco su significado, siente que se trata de un mensaje importante y que aparece siempre en momentos muy concretos de su vida.

el significado de las secuencias numéricas

secuencias de 1

Por ejemplo :11, 111, 1111, etc.

¿Te ha ocurrido alguna vez que te has despertado durante varios días consecutivos y al mirar tu reloj este marcaba siempre las 11 o las 11:11? ¿O talvez has estado cruzándote últimamente con secuencias mixtas que contienen este número?

Podríamos decir que en estos tiempos que corren se está dado a conocer cada vez más el tema de las secuencias numéricas y creo que el once podría ser la secuencia más conocida de todas.

Hemos podido observar distintos eventos que se realizan en los días 11, como los sorteos del 11-11, por ejemplo, así como muchos otros eventos especiales que se han estado promoviendo a través de las redes sociales y que se realizaron en los días 11.

¿Sabes por qué algunas personas del mundo espiritual eligen esos días para meditaciones o ejercicios y los realizan de forma masiva?

Verás: Según algunos estudios de numerología angelical, las secuencias de unos te están indicando directamente que tomes conciencia de lo que estás pensando en ese mismo momento porque te encuentras ante un portal.

¿Te imaginas que por un momento se abriese una puerta cósmica y que al pensar en algo y acompañarlo a su vez con un fuerte sentimiento fuese suficiente como para alzar la mano y hacerte con ello? ¡Pues eso exactamente es lo que ocurre cuando ves una secuencia de números 1!

Imagínate lo que ocurre cuando esto se hace de forma masiva, todos apuntando hacia el mismo portal, todos creando a la vez y con un propósito en común.

¡Co-creamos de manera consciente!

Los pensamientos están cargados de energía creadora y cuando ves esta secuencia los ángeles te están indicando que en este mismo momento estás ante un portal de oportunidades y que estas se están desplegando ante ti, por eso debes asegurarte de pensar solo en aquello que quieres crear cuando te encuentras ante una secuencia de unos.

Por el contrario, si estás teniendo pensamientos negativos en el momento en el que te cruzas con esta secuencia, trata de cancelarlos lo antes posible e intenta sustituirlos por otros que estén cargados con la energía de lo que si deseas.

<u>Posibles traducciones de esta secuencia:</u>

- Pide un deseo.

- Estás ante un portal.

- Tu pensamiento es como una semilla y lo que siembres recogerás.

<u>Combinaciones con el número 1:</u>

⇒ 1 y 2: 121,112, etc.

Ya sabes que tus pensamientos actúan como semillas, por eso, si te tropiezas con esta secuencia es porque los ángeles te están anunciando que ya tienes ante ti los primeros resultados visibles de aquello que creaste en su día, cuando te hallabas ante un portal. (111).

⇒ 12:12*

Esta combinación es muy especial, se trata de una especie de secuencia mágica, que te une con el cosmos y que te ayuda a la culminación de tus metas personales.

⇒ 1 y 3: 133,113, etc.

Los maestros ascendidos están a tu lado y te enseñan a manifestar correctamente, para que de este modo puedas hacer realidad tus más ansiados deseos.

A pesar de que ellos te ofrecen continuamente, tanto sus consejos como su guía, quieren recordarte que cada creación comienza con un pensamiento, por eso sería bueno que les concedieses tu permiso para que te enseñen a elegir los tuyos.

⇒ **1 y 4: 114, 441, etc.**

Los ángeles te recuerdan con esta secuencia que estás ante un portal, te dicen que aproveches para pedir un deseo sano. Cuando te hayas ante un portal debes ser especialmente cuidadoso tanto con tus sentimientos como con tus pensamientos.

Si estás teniendo pensamientos negativos en el momento en el que te topas con esta secuencia, significa, que puedes pedir a los ángeles ayuda para apartarte de ellos, sobre todo si estamos hablando de pensamientos tóxicos, si estos están siendo repetitivos o si son pensamientos rumiantes.

⇒ 1 y 5: 115, 551, etc.

Tus pensamientos están generando grandes cambios en tu vida.

Si no estás contento con estos cambios, es un buen momento para transformarlos, reconducirlos y equilibrar así tus sentimientos, corrigiendo de este modo la dirección de dichos cambios.

Si por el contrario, los cambios que estás observando son los que esperabas y estás conforme con ellos, continúa en la misma dirección.

⇒ 1 y 6: 116, 661, etc.

Cuando ves con frecuencia combinaciones de 1 y 6, tus ángeles te están indicando que te encuentras en un momento perfecto para dar forma a tus creaciones en el ámbito material: Digamos que estás ante el portal adecuado para manifestar dinero, vivienda, trabajo o mejorar tu aspecto físico.

⇒ **1 y 7: 117, 771, etc.**

Estas secuencias mixtas están aplaudiendo tu trabajo, y te confirman que andas bien encaminado, pues has elegido bien tus pensamientos. Así que sigue enfocándote en tus objetivos, y si además dedicas un ratito cada día para agradecer todo lo que ya tienes, acelerarás todavía más el proceso de manifestación, hasta conseguir lo que deseas.

Ante esta secuencia es mágico repetir el famoso mantra: Gracias, gracias, gracias.

⇒ **1 y 8: 118, 881, etc.**

Cuando veas a menudo estas combinaciones, los ángeles te están comunicando que estás finalizando una etapa de tu vida.

Si se trata de una parte negativa o dolorosa, sería conveniente que trabajases en la sanación o en la aceptación de todo lo ocurrido a lo largo de dicha etapa, de manera que te encuentres preparado y libre de cargas antes de entrar en una nueva fase. No es aconsejable empezar un nuevo camino con las cargas del pasado.

⇒ **1 y 9: 119, 991, etc.**

Un nuevo portal se acaba de abrir para ti. Despídete con amor de lo que fue y abraza con amor todo lo nuevo que acaba de llegar.

Este es un buen portal para pedir algo que necesites en esta nueva etapa a nivel emocional: paciencia, seguridad, tolerancia, disciplina, etc.

⇒ **1 y 0: 100, 110, etc.**

Dios o el universo (Como prefieras llamarlo) está de tu lado.

Si has estado rezando o pidiéndole algo al universo, esta secuencia te anuncia que te están escuchando y te piden que no abandones.

Aunque en ocasiones pueda parecerte que estás solo y que nadie te escucha, esto no es así, pues eres muy amado y apreciado.

secuencias de 2

Por ejemplo: 22,222,2222

Cuando empiezas a cruzarte de repente con secuencias del número dos, por ejemplo: 22, 222 o 2222: los ángeles te están tratando de decir que aquellas ideas que un día sembraste cuando estabas en la vibración de la secuencia del uno (justo en mitad de un portal) ya se están manifestando y que por fin están viendo la luz.

Te invitan a que eches un vistazo a tu alrededor, para comprobarlo, es más, te confirman que algunos de tus deseos ya han comenzado a realizarse. Cuando una semilla brota al exterior guarda en ella todo el potencial de lo que podría llegar a ser.

Por ejemplo: Si siembras la semilla de un manzano, cuando esta brota al exterior, ese brote lleva dentro el potencial de un hermoso árbol, lleno de hojas, de flores, de frutos…Pero a la vez, el pequeño brote es muy frágil y basta con que alguien lo pise sin querer para que todo se quede en lo que podría haber sido. Por eso debes seguir cuidándolos y mimándolos por un tiempo para que puedan afianzarse. Para ello los ángeles te sugieren que continues poniendo conciencia en todas tus creaciones.

Posibles traducciones de esta secuencia:

- No pares.

- Continua por este camino.

- Tu creación ya se está manifestando.

- Tienes ante ti los primeros signos de la manifestación.

- Sigue trabajando por tus sueños.

<u>Combinaciones con el número 2</u>

⇒ 2 y 1: 221, 112, etc.

Las semillas que plantaste ya están dando sus primeros frutos. No te olvides de cuidarlos y de regarlos, pues los sueños necesitan paciencia y constancia.

⇒ 2 y 3: 223,332, etc.

Los maestros ascendidos se alegran de que estés empezando a disfrutar los frutos de tus creaciones, de tu esfuerzo y tu trabajo. ¡Ya te toca ser feliz y disfrutar de todo lo conseguido!

⇒ 2 y 4: 224 ,244, etc.

Los ángeles te recuerdan cuando estás un poco desinflado, que ellos están a tu lado, cuidando de ese sueño o anhelo que se está empezando a cumplir.

⇒ **2 y 5: 25, 225, etc.**

Tus deseos podrían cumplirse de la manera que menos te puedas imaginar, así que confía en el universo y no tengas demasiadas expectativas acerca de la forma en que te van a llegar las cosas, pues el universo a veces opera de maneras inesperadas.

⇒ **2 y 6: 266 ,262, etc.**

Estás a punto de obtener algo material. Podría tratarse de una herencia, una vivienda, un coche, etc. También puede tratarse de algo de poco valor económico, pero importante para ti, como un regalo especial, un vestido, o un perfume que tenías muchas ganas de tener. Si estás trabajando en tu salud o aspecto físico, ya vas a empezar a notar la mejoría.

⇒ **2 y 7: 277, 272, etc.**

Esta secuencia te anuncia buenas noticias; podría tratarse de una llamada o de un email con noticias favorables respecto a algo que te preocupa.

⇒ **2 y 8: 288, 282, etc.**

Ya tienes ante ti los primeros signos de una fase de tu vida que se acaba, que se va quedando atrás. Escucha tu voz interior.

⇒ **2 y 9: 299, 292, etc.**

No tenemos nada que no nos haya sido dado, así que no sufras por lo que se fue y en su lugar comienza a disfrutar de lo que está llegando.

⇒ **2 y 0: 200, 202, etc.**

No estás solo en este mundo, así que no te extrañes si de repente ocurre un milagro.

En ocasiones no podemos comprender el orden de algunas cosas, pero esta secuencia te recuerda que todo tiene un porqué y un para qué.

secuencias de 3

Por ejemplo: 33, 333, 3333, etc.

La secuencia de 3 es mi secuencia preferida y el 333 es además mi número o código personal.

Este es el numero de la energía crística.

El tres es el número de los maestros ascendidos y con él, los ángeles, te recuerdan que los maestros están a tu lado, que te están ayudando y acompañando en este mismo momento.

Cuando te estás preguntando algo internamente, y aparece esta secuencia ante tus ojos, esto podría traducirse literalmente como un *sí* de los maestros.

Por ejemplo: Imagínate que estás caminando en dirección a tu trabajo y que tu cabeza no para de dar vueltas y más vueltas a un asunto concreto; Podría tratarse de una propuesta a nivel laboral para un cambio radical.

Imaginemos que tienes miedo de ese cambio laboral, pero a su vez lo deseas con todo tu corazón. "¿Debería de seguir a mi corazón e iniciarme en esta nueva a aventura?" Te preguntas… Entonces de repente levantas la vista y te encuentras con un coche que viene justo de frente y su matrícula es 3333.

La respuesta a tu pregunta podría ser la siguiente: ¡Claro que sí! Los maestros estamos contigo y todo saldrá muy bien.

<u>Posibles traducciones de esta secuencia:</u>

- Los maestros te apoyamos.
- ¡Si!
- Hazlo
- Soy tu maestro personal y deseo saludarte.

Combinaciones con el número 3

⇒ **3 y 1: 311, 313, etc.**

Los maestros ascendidos están a tu lado y te ayudan a crear. Ellos te orientan y te apoyan tanto en asuntos más trascendentales (como el propósito de tu alma o tu misión personal) así como en las pequeñas cosas de tu día a día.

⇒ **3 y 2: 322, 323, etc.**

Los maestros ascendidos te ayudan a cuidar esos propósitos que ya están viendo la luz.

⇒ **3 y 4: 334 y 344, etc.**

Estás recibiendo ayuda de los maestros y de los ángeles para limpiar esos pensamientos negativos que te afligen. Ellos están ahora contigo para guiarte y amarte.

$\Rightarrow$ **3 y 5: 353, 335, etc.**

Los maestros ascendidos te han traído de la mano hasta aquí, apoyándote en todos los cambios que has venido realizando a lo largo de tu vida. ¡Disfruta sus bendiciones!

$\Rightarrow$ **3 y 6: 363, 336, etc.**

Los maestros te están ayudando a manifestar las cosas materiales que necesitas para realizar tu propósito de vida.

En algunas ocasiones sientes que quieres tomar una dirección concreta que te dicta tu corazón, pero para ello necesitas dinero, formación o cualquier otro tipo de recursos.

Cuando ves esta secuencia, los ángeles te anuncian que esos recursos, o al menos algunos de ellos, están a punto de llegar. Por esta razón no debes temerle a escasez, cuando lo que haces se encuentra alineado con el plan perfecto de tu alma y entregas lo mejor de ti, no te falta nunca nada de lo esencial.

⇒ 3 y 7: 373, 337, etc.

Los maestros están felices por ti, porque están de acuerdo con el camino que has elegido.

Ellos siempre desean verte contento y realizado, por eso, te aconsejan que disfrutes de la felicidad sagrada que ganaste a pulso con tus buenas elecciones.

⇒ 3 y 8: 383, 338, etc.

Los maestros te dicen que sigas así de enfocado, porque falta muy poquito para completar una fase.

⇒ **3 y 9: 393, 339, etc.**

Los maestros te comunican que ya es hora de terminar con aquellas situaciones que no van contigo, que no están vibrando con tu yo actual.

Ciertas personas o situaciones en su momento tenían una razón de ser y de estar en tu vida, pero ahora es momento de soltarlos con amor. No temas porque los maestros están contigo.

⇒ **3 y 0: 300, 330, etc.**

Los maestros te están hablando y quieren que los escuches.

Te cuentan que todo está siendo realizado bajo la gracia divina y de manera perfecta.

secuencias de 4

Por ejemplo: 44, 444, 4444, etc.

Los ángeles te comunican con esta secuencia que no debes preocuparte tanto y te aconsejan que redirijas tus pensamientos hacia una dirección más saludable.

Es muy probable que te hayas tropezado con esta secuencia porque estabas enfrascado en alguna preocupación, ya que solemos encontrarnos con estos números cuando estamos realmente preocupados, o cuando andamos inmersos en pensamientos muy negativos u obsesivos a cerca de algo o de alguien.

Si bien, el 3 se podría interpretar como un sí de los ángeles, el 4, podríamos interpretarlo como un no, o como un desacuerdo ante aquello en lo que estás pensando.

No quiero decir con esto que los ángeles te estén desaconsejando, ni mucho menos que te estén prohibiendo que lleves a cabo algo. Se trata más bien de comunicarte que tus pensamientos no están en armonía con lo divino o que ese tipo de pensamientos solo sirven para dañarte y para llevarte a dar pasos hacia atrás.

Posibles traducciones de esta secuencia:

- Redirige tus pensamientos.
- No lo estropees ahora.
- Ese pensamiento es bastante tóxico y, por lo tanto, no te conviene en absoluto.

Combinaciones con el número 4

⇒ **4 y 1: 441, 411, etc.**

Los ángeles te recuerdan con esta secuencia que te hallas ante un portal, por eso te indican que aproveches para pedir un deseo saludable. Debes de ser especialmente cuidadoso tanto con tus sentimientos, como con tus pensamientos.

Si estás teniendo pensamientos negativos en el momento en el que te topas con esta secuencia significa, que le pidas a los ángeles ayuda para apartarte de ellos, sobre todo si estamos hablando de pensamientos tóxicos, si estos están siendo repetitivos o si se trata de pensamientos rumiantes.

⇒ **4 y 2: 442, 422, etc.**

Lo que estás consiguiendo con tanto esfuerzo está protegido por la energía angelical. No lo estropees con tus pensamientos negativos.

⇒ **4 y 3: 443, 433, etc.**

Tienes la ayuda tanto de los ángeles como de los maestros a tu alrededor, ellos te aman, te ayudan y te protegen de las energías negativas.

⇒ **4 y 5: 455, 445, etc.**

Los ángeles están presentes en cada cambio de tu vida, por eso te piden que no tengas pensamientos negativos con respecto a esos cambios que están teniendo lugar en este preciso momento.

⇒ **4 y 6: 446, 466, etc.**

Los ángeles te hablan sobre aquello que tanto te preocupa en el ámbito material y piden tu permiso para actuar al respecto. Además, te insisten en la importancia de abandonar los pensamientos negativos que en ocasiones te invaden.

Confía en los ángeles y deja de preocuparte, porque no te faltará de nada si trabajas bajo la gracia divina y de manera perfecta.

$\Rightarrow$ **4 y 7: 477, 477, etc.**

Estás haciendo un buen trabajo, estás en el buen camino. Literalmente te aplauden porque estás dejando de pensar de forma negativa.

$\Rightarrow$ **4 y 8 como 488, 448, etc.**

Si estás viendo muy a menudo estas combinaciones de números, este es un mensaje muy claro: Te habla de que una fase negativa de tu vida está a punto de concluir.

Ellos quieren que sepas que mientras esto ocurre ellos están contigo y te piden solo un poquito más de paciencia.

$\Rightarrow$ **4 y 9: 494, 449, etc.**

Ya es tiempo de dejar de ir una situación que ha terminado y que además era bastante nociva para ti.

Unas puertas se están cerrando y otras se están abriendo.

Los ángeles te dicen con esta secuencia que no mires atrás y te invitan a atravesar esas puertas que están abriendo de par en par, justo ahora y para ti.

También te aconsejan que trates de sanar las emociones relacionadas con esa etapa de tu vida, o que te hagas una limpieza de energías antes de pasar a la siguiente fase.

Te recuerdan que fuiste tú quien pediste por estos cambios y que por eso te han sido concedidos.

⇒ 4 y 0: 440, 400, etc.

Los ángeles te aman y este es un buen momento para que les hagas algunas preguntas personales.

Podrías, por ejemplo, apuntar esas preguntas en un papel y llevarlo contigo a lo largo de todo el día, mientras observas con atención las secuencias numéricas que se te van presentando.

secuencias de 5

Por ejemplo: 55, 555, 5555, etc.

¿Estas preparado? ¡Pues prepárate porque se avecinan cambios! Esta secuencia no te habla de cambios positivos ni tampoco negativos, simple y llanamente te habla de cambios. Los cambios forman parte de todo ciclo vital, y en este momento tú te encuentras en un periodo de cambios.

Podríamos estar hablando tanto como de cambios que deseas y esperabas desde hacía mucho tiempo, aunque también podría tratarse de un cambio que ni te esperas.

<u>**Posibles traducciones de esta secuencia:**</u>

- Se avecinan cambios.

- Es momento de cambiar.

- Prepárate para un cambio inminente.

• Recuerda siempre que la única constante es el cambio.

<u>Combinaciones con el numero 5</u>

⇒ **5 y 1: 511, 515, etc.**

El cambio que creaste ya está aquí.

⇒ **5 y 2: 522, 552, etc.**

Has actuado bien y has sabido pedirle al universo y con ello has acelerado el proceso de creación, de modo que es muy posible que esos cambios que tanto quieres lleguen antes de lo previsto.

⇒ **5 y 3: 533, 553, etc.**

Los maestros te avisan de un gran cambio positivo y te dicen que ellos están contigo.

Te aseguran que todo estará bien una vez sucedan dichos cambios y te piden que no le tengas miedo al futuro.

⇒ 5 y 4: 554 ,544, etc.

Tus ángeles te insisten en que te mantengas positivo con respecto a los cambios que están sucediéndose en tu vida.

Si estás preocupado o asustado por tantos cambios repentinos, los ángeles te recuerdan que no debes desanimarte porque ellos no te abandonan.

⇒ 5 y 6: 556, 566, etc.

Los ángeles te anuncian cambios en el ámbito material.

$\Rightarrow$ **5 y 7 :577, 575, etc.**

Los ángeles aprueban y aplauden los cambios que has realizado.

$\Rightarrow$ **5 y 8: 588, 558, etc.**

Significa que te falta muy poquito para realizar ese cambio que tanto estás deseando, puede que se encuentre a un solo paso…No tengas miedo porque ellos te protegen.

$\Rightarrow$ **5 y 9: 599, 595, etc.**

Debes liberarte del pasado y prepararte para el cambio porque ahora sí que ha comenzado un nuevo capítulo en tu vida.

No sientas temor ante esta nueva fase; el cambio es lo único constante en nuestras vidas y la mayoría de las veces nos llena de bendiciones.

Tu nueva vida empieza ahora; despídete con amor de todo lo que dejas atrás.

⇒ **5 y 0: 500, 550, etc.**

Tus ángeles te quieren hacer saber que los cambios por los que está atravesando tu vida están bajo la gracia divina y perfectamente alineados con tu bien más elevado.

55

secuencias de 6

Por ejemplo: 66, 666, 6666

El seis te habla siempre de la parte material, del dinero, de las propiedades o del aspecto físico.

Con estas secuencias los ángeles te avisan de que tus pensamientos no andan muy equilibrados en el momento en que te cruzas con ella, y te comunican que le estás otorgando demasiada importancia al aspecto material de las cosas, quizás más de lo que deberías.

Puede que últimamente le estés otorgando demasiada importancia al dinero o que te estés empezando a obsesionar con tu cuerpo. En caso de ser así, los ángeles te piden que equilibres tus aspectos material-espiritual, ya que en el término medio es donde está la virtud.

También pueden aparecer, por el contrario, cuando estas demasiado enfocado en lo espiritual y le das importancia cero a tu trabajo, o cuando estas descuidando demasiado tus finanzas.

Es casi seguro que nada más cruzarte con esta secuencia ya sepas de que asunto te están hablando, pues es bastante común cruzarse con esta secuencia cuando se está preocupado por algún aspecto material en especial.

<u>Posibles traducciones de esta secuencia:</u>

- No hace falta ser tan materialista.

- O, por el contrario.: Enfócate más en lo material.

- Equilibra los aspectos material-espiritual.

<u>Combinaciones con el número 6</u>

⇒ 6 y 1: 611, 661, etc.

En estos momentos debes de mantener tus pensamientos de alta vibración con respecto a tus asuntos materiales.

Hay un portal abierto ante ti y este portal es perfecto para trabajar en los asuntos relacionados con el dinero.

⇒ 6 y 2: 622, 662, etc.

Estás apunto de adquirir algo de índole material.

⇒ 6 y 3: 663, 633, etc.

Los maestros te están ayudando para que salgan adelante tus proyectos y te piden que te enfoques en hacer aquello que amas, puesto que ellos te ayudarán con el tema del dinero.

⇒ 6 y 4: 644, 664, etc

Tus ángeles te piden que no pienses tanto en los asuntos relacionados con los bienes materiales y menos aún si se tratan de pensamientos negativos.

⇒ **6 y 5: 665, 655, etc.**

Hay algo en tu vida a nivel material que necesita un cambio.

⇒ **6 y 7: 667, 677, etc.**

Los ángeles te dan su enhorabuena por el trabajo personal que has estado realizando para conseguir tus logros materiales.

⇒ **6 y 8: 668, 688, etc.**

Estás a punto de tomar una decisión relacionada con lo material y los ángeles con esta secuencia te piden que te pares un momento a reflexionar antes de dar el paso definitivo.

Es buen momento para soltar, así que si lo que quieres es vender esto ocurrirá de manera natural y sin necesidad de sortear obstáculos. Si, por el contrario, lo que deseas es realizar algún tipo de adquisición, aún te toca esperar un poco más.

⇒ 6 y 9: 669, 699, etc.

Una fase en lo material se ha terminado y ya has pasado a la siguiente fase.

⇒ 6 y 0: 600, 660, etc.

El universo quiere hablarte de tu vida material y te pide que te enfoques un poco más en aquellas cosas que no se pueden comprar con dinero.

No se trata de que renuncies a tu bienestar material, sino más bien de que tu felicidad no dependa tanto de ello. Los ángeles te recuerdan que si actúas con amor no te faltara nada de lo esencial.

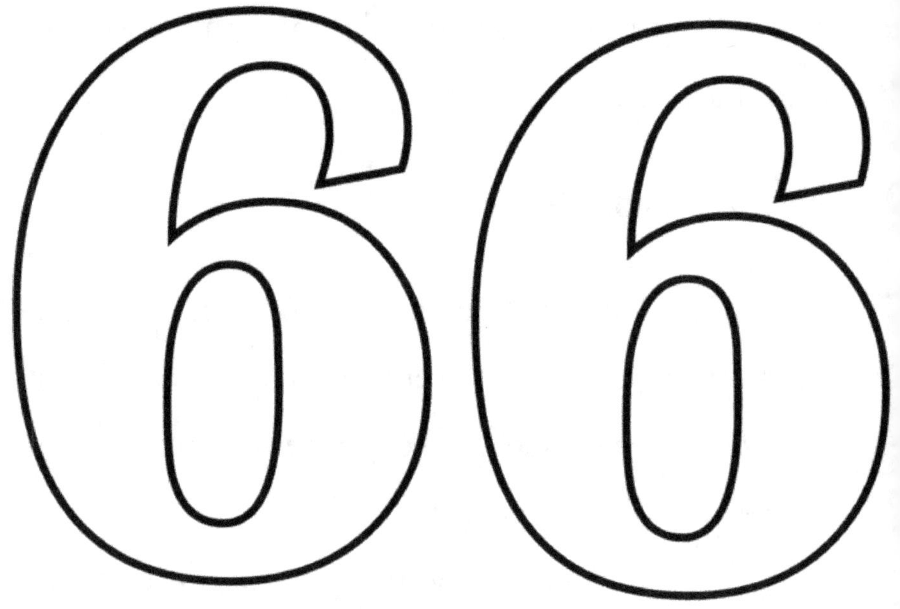

secuencias de 7

Por ejemplo: 77, 777, 7777, etc.

Si te tropiezas con esta secuencia es porque los ángeles están aplaudiendo en ese mismo momento tus acciones o tus pensamientos.

Esta es una secuencia super positiva, en la cual, ellos te confirman que estás haciendo un buen trabajo y con la que te animan a continuar así.

Lo que tanto deseaste se está haciendo realidad y por eso ellos pretenden darte su enhorabuena.

<u>Posibles traducciones de esta secuencia:</u>

- Los ángeles te aplaudimos.
- ¡Bien hecho!

Combinaciones con el número 7

⇒ **7 y 1: 711, 771, etc.**

Estás materializando de forma correcta y los ángeles están felices por ello.

Hasta ahora has mantenido tus pensamientos bien enfocados y has sabido aprovechar los portales de creación que encontraste en tu camino.

⇒ **7 y 2,722, 772, etc.**

Pronto tendrás una buena noticia relacionada con un asunto que te preocupa desde hace tiempo. Esta noticia te confirmará que lo que tanto deseas ya está en camino.

⇒ **7 y 3: 773, 733, etc.**

Los maestros ascendidos están dichosos porque ven tu bondad y están de acuerdo con tus elecciones basadas en el amor. Permite el flujo de la felicidad sagrada que te llega como consecuencia de tu buen hacer.

⇒ 7 y 4: 774, 744, etc.

Los ángeles te aplauden por tu trabajo y te piden que no estropees tu dicha con los pensamientos negativos que en ocasiones te asaltan.

⇒ 7 y 5: 775, 755, etc.

Estás caminando por el sendero adecuado. Se avecinan cambios positivos y los ángeles te aplauden.

⇒ 7 y 6: 776, 766, etc.

Los ángeles te felicitan y te muestran su alegría por algo material que ha llegado o que justo está llegando a tu vida.

⇒ **7 y 8: 778, 788, etc.**

¿ Sientes que algo se está acabando y que ya no es para ti?

Los ángeles te lo están confirmando: estás ante una confirmación de que esa fase ha terminado. El hecho de que esté implicada la secuencia de sietes, te indica que todo esto es para bien y que los ángeles están de acuerdo con ello.

⇒ **7 y 9: 779, 799, etc.**

¡Bravo! Estás empezando una nueva fase en tu vida. Has sido muy valiente.

⇒ **7 y 0: 700 y 770, etc.**

Los ángeles te felicitan una vez más y te recuerdan que tu camino está siendo guiado bajo la gracia divina y de manera perfecta.

secuencias de 8

Por ejemplo: 88, 888, 8888, etc.

Con este tipo de secuencias ellos te comunican que una fase de tu vida está llegando a su final. Los ángeles te muestran esta secuencia para que te vayas preparando a todos los niveles: el cambio está a la vuelta de la esquina.

Podría tratarse del final de una fase de tu vida relacionada con tu trabajo, de un cambio de casa o de ciudad o una fase que termina a nivel de pareja. (No tiene por qué ser el fin de la relación). El caso, es que se está terminando esa fase, por eso, es el momento de que encauces tu camino hacia esa nueva vida que te espera que, aunque todavía falte un poquito, está más cerca de lo que piensas.

<u>**Posibles traducciones de esta secuencia:**</u>

- Ya queda menos.

- Es momento de que te prepares para la siguiente fase.

<u>**Combinaciones con el número 8**</u>

$\Rightarrow$ **8 y 1: 811, 881, etc.**

Una parte de tu vida se encuentra en su etapa final. En cierto modo es normal que esto te cause temores, pero si estás viendo últimamente estas combinaciones en tu día a día, recuerda que todo ocurre por algo. Ten en cuenta que en esta secuencia está presente el número 1 y esto te está indicando que se trata de un final necesario para que puedas pasar a la nueva fase que tú mismo fuiste creando con tus propios pensamientos positivos.

⇒ **8 y 2: 882, 822, etc.**

Escucha tu voz interior, porque te están guiando. Hay algo que debes de realizar antes de acabar esta fase.

⇒ **8 y 3: 833, 883, etc.**

Los maestros te piden que sigas así porque ellos te acompañan en este cierre de ciclo que tendrá lugar dentro de muy poco tiempo.

⇒ **8 y 4: 884, 844, etc.**

Analiza tus pensamientos, porque si piensas y actúas en negativo no terminaras nunca con este aspecto de tu vida.

⇒ **8 y 5: 885, 855, etc.**

Estás a las puertas del cambio.

$\Rightarrow$ **8 y 6: 886, 866, etc.**

Estás a punto de tomar una decisión relacionada con tu economía, aunque si te topas con estas secuencias, es probable que aún no estés muy seguro de lo que quieres hacer.

Tómate el tiempo necesario y rectifica si así lo deseas. No pasa nada si cambias de opinión ahora: aún estás a tiempo.

$\Rightarrow$ **8 y 7: 887, 877, etc.**

Si piensas que es el momento de terminar con una fase de tu vida, esta secuencia te viene a confirmar que esto es así, y que además, esta finalización será para tu mayor bien.

$\Rightarrow$ **8 y 9: 889, 899, etc.**

¿Estás sintiendo últimamente que una parte de tu vida está ralentizada y qué no avanza?

Con esta combinación los ángeles quieren que sepas que esto no es casualidad, que tienes que dejar de ir lo que ya no sirve en tu vida y que todo ha sido detenido por un tiempo para que puedas tomar libremente una nueva dirección.

⇒ **8 y 0: 800, 808, etc.**

La etapa que está a punto de acabar está en unidad con lo divino.

secuencias de 9

Por ejemplo: 99, 999, 9999, etc.

Cuando veas esta secuencia, los ángeles te hacen saber que ahora sí que ha terminado una fase de tu vida.

Además, si tenemos en cuenta que el nueve es el tres veces tres, podremos leer también un mensaje adicional que nos habla de que somos nuestros propios maestros, de que ya hemos avanzado lo suficiente en esa área de la vida y, ahora estamos en condiciones de acompañar a otros a transitar ese camino que nosotros mismos hemos transitado.

<u>Posibles traducciones de esta secuencia:</u>

- ¡Ahora sí que empieza una nueva fase!
- Por fin ha llegado el momento.

•Has llegado a la maestría en algún aspecto de tu vida.

Combinaciones con el número 9

⇒ **9 y 1: 991, 919, etc.**

Tienes ante ti un portal de manifestación. Este portal es especialmente adecuado para empezar una nueva fase, así que deja el pasado atrás y mira hacia adelante con fe y con ilusión. Aprovecha este portal para materializar lo necesario para esta fase que empieza.

Si no hace mucho tiempo que has sufrido alguna pérdida, los ángeles quieren que sepas que está llegando algo muy hermoso a tu vida, para aliviar tu sufrimiento.

⇒ **9 y 2: 992, 922, etc.**

Has dejado algo atrás y puede ser que el hacerlo te esté causando dolor, pero recuerda que todo en esta vida es una ilusión y que no nos sirve de nada llorar sobre la leche derramada.

Vive feliz y no le tengas miedo al futuro, porque éste ya se vislumbra, y las primeras señales de lo nuevo que la vida te ha traído se están comenzando a manifestar. Presta atención y pronto lo comprenderás todo.

⇒ 9 y 3: 993, 939, etc.

Con este mensaje los maestros te hablan alto y claro y te invitan a reflexionar acerca de cómo es tu vida en este momento.

Ellos te proponen soltar todo lo que ya no vibra contigo y te piden que no sigas sosteniendo situaciones que ya no quieres por miedo a las consecuencias. Has alcanzado la maestría en algún aspecto de ti mismo y ese hecho provocará que tomes otro camino. No pierdas el enfoque positivo.

⇒ **9 y 4: 994, 949, etc.**

Los ángeles te dicen que es momento de abandonar una situación que ha terminado, que no tiene sentido que le des más vueltas, ni que te quedes atrapado en ese bucle infinito que no te permite soltar.

Es momento de abandonar las culpas y de comenzar desde cero.

⇒ **9 y 5: 959 ,995, etc.**

Para que el nuevo cambio se pueda manifestar, es importante liberar el pasado. Esta secuencia numérica te pide que dejes ir lo viejo y que sepas que ha servido a su función en su momento.

⇒ **9 y 6: 966, 996, etc.**

No tengas miedo de soltar algo material. No es bueno obsesionarse con el dinero.

⇒ **9 y 7: 977, 997, etc.**

Los ángeles te dan la enhorabuena por haber finalizado una etapa de tu vida.

⇒ **9 y 8: 988,889, etc.**

Algo está llegando a su fin y una nueva etapa ya está lista.

⇒ **9 y 0: 900, 909, etc.**

Este nuevo comienzo está en unidad con lo divino.

secuencias de 0

Por ejemplo: 00, 000, 0000

En esta secuencia de números los ángeles te hablan acerca de la unidad y te recuerdan que eres uno con todo.

Personalmente, justo anoche cuando paseaba bastante decepcionada y, por qué no decirlo, enfadada con la actitud de ciertas personas, me tropecé con algo que no había visto jamás: (un coche con los cuatro ceros en su matrícula). Entonces, me pregunté: si la situación que acababa de presenciar y me tenía desconcertada podría estar bajo la gracia divina y en unidad con el todo.

En ese momento sentí que no había justicia alguna: pero no hizo falta mucho rato para comprender que nos equivocamos y que al final, todos somos uno.

Al momento me había calmado por completo y había empezado a ver la situación con unos ojos distintos: me trajo paz y pude dar enseguida el asunto por zanjado.

Posibles traducciones de esta secuencia:

- Todo se está realizando bajo la gracia divina.
- Todo está en unidad.
- Recuerda que somos uno.

Combinaciones con el número 0

⇒ 0 y 1: 001, 010, etc.

Estás materializando bajo la gracia divina.

Pide y te será dado.

Escucha tu voz interior.

⇒ **0 y 2: 002, 020, etc.**

Esta combinación te está hablando de milagros, de sincronías divinas y de situaciones que se resuelven como por arte de magia.

⇒ **0 y 3: 003 y 300, etc.**

Los maestros ascendidos están tratando de comunicarse contigo, pues hay algo importante que tienes que saber con respecto a tu propósito de vida. Parece que, a través de ciertos eventos, encuentros, y otras sincronicidades ellos han tratado de comunicarse contigo, aunque tú no te hayas percatado de ello. Con esta secuencia están tratando de intensificar vuestra conexión, así que presta a tención a las siguientes señales.

$\Rightarrow$ **0 y 4: 400 y 40, etc.**

Dios y los ángeles te piden que te pares por un segundo para sentir su amor en este momento y dejar de lado los pensamientos de baja vibración.

Respira profundamente y permite que te llegue la información divina que te ayudará a cambiar de frecuencia.

$\Rightarrow$ **0 y 5: 050, 055, etc.**

Este es un mensaje importante que te permite saber que los cambios en tu vida están en el orden perfecto y divino.

$\Rightarrow$ **0 y 6: 006, 066, etc.**

Va a llegarte algo material como caído del cielo.

⇒ **0 y 7: 007, 070, etc.**

Una felicitación directa de Dios, por el trabajo mental, espiritual y físico que has venido realizando y que además de hacerte feliz está ayudando a los demás.

⇒ **0 y 8: 008 ,080, etc.**

Este final es una respuesta de Dios.

⇒ **0 y 9: 099, 090, etc.**

La energía universal te apoya en esta nueva etapa de tu vida. A pesar de haber perdido muchas cosas en el camino, tus buenas acciones harán que todo se vuelva fácil para ti a partir de este momento. Si aprendes a perdonar y si te perdonas a ti mismo todo cambiará a mejor.

cuando las secuencias que se repiten se dan de manera ascendente:

¿Qué significa que aparezcan ante ti repetidamente secuencias numéricas que se dan de forma ascendente, por ejemplo: 123 o 567?

Es muy normal que te encuentres este tipo de secuencias cuando estás pensando en un aspecto de tu vida muy concreto.

Estas secuencias tratan de decirte que ese asunto en el que estás pensando está marchando hacia adelante y que tú estás creciendo en ese ámbito de la vida.

También cuando estás haciendo planes, y te cruzas con estos números, ellos te confirman que eso en lo que estás pensando va a beneficiar a tu crecimiento.

Cuando estas esperando algo que parecía estancado, las secuencias en ascendente te indican que el asunto está progresando, aunque todavía no tengas las pruebas claras de ello.

cuando las secuencias númericas se dan en descendente:

Si ves reiteradamente secuencias numéricas en descendente, como 432 o 987, esto te está indicando que tus pensamientos están siendo regresivos y que los mismos te están llevando a dar pasos hacia atrás.

Es muy posible que veas esta secuencia cuando estés enfrascado mentalmente en un área de tu vida y con esta secuencia los ángeles estén tratando de reconducir tus pensamientos para que no pierdas ni tu tiempo ni tampoco tu energía en asuntos que ya no tienen mucho sentido, porque pertenecen al pasado.

Encontrarte con esta secuencia numérica justo después de un pensamiento indicaría que dejarte llevar por ellos sería como dar un paso atrás en tu vida.

"Para atrás, ni para coger impulso" Nos recuerda esta secuencia.

***

Cuando aprendas todos los significados podrás realizar miles de combinaciones para descifrar códigos o mensajes personales no secuenciados.

Por ejemplo: 5890, cuyo significado podría ser: los cambios que estás experimentando en este momento son necesarios para que pueda finalizar esta etapa de tu vida, pues la nueva fase está aquí mismo. Todo ello se está realizando en unidad con lo divino.

4 3 2

1 2 3

ejericios para el día a día

Por aquí te dejo algunas ideas sencillas para tu día a día con los ángeles y los números. Espero que a ello le sumes muchos otros ejercicios de libre inspiración.

1. Antes de dormir respira profundamente y pide a tus ángeles que en sueños o nada más despertarte te muestren una señal a través de los números.

2. Cuando quieras conectar con la energía angelical puedes poner un incienso, un recipiente con pétalos de rosas y limpiar el ambiente con aceites esenciales.

Después puedes escribirles una carta contándoles tu problema y encender una velita. Deja la carta junto a la vela hasta que esta se consuma. Después disponte a recibir las respuestas.

3. Pide un consejo y después anota las secuencias que te encuentres en las diez primeras matriculas de coches que veas al salir de casa, luego trabaja con estos mensajes.

Afinar en los mensajes

Si encuentras una secuencia mixta de dos números, por ejemplo 1113 o 5566 lee el significado que te dejo en estas páginas y además debes tener en cuenta que, si un número se repite tres veces o más, a la hora de elaborar tu mensaje siempre va a pesar más la energía del número con el que empieza la secuencia y/o el que más veces se repita.

Verás que a veces hay pequeñas diferencias entre secuencias mixtas con los mismos números dependiendo de cuál de ellos sea el número principal.

Cuando aprendas todos los significados podrás realizar miles de combinaciones para descifrar códigos o mensajes personales no secuenciados.

Por ejemplo: 5890, cuyo significado podría ser: Los cambios que estás experimentando en este momento son necesarios para que pueda finalizar esta etapa de tu vida, ya que la nueva fase está aquí mismo. Todo ello se está realizando en unidad con lo divino.

Afinar un poco más

Si quieres afinar un poco más con los mensajes observa si los números aparecen en color.

Se dice que cada ángel pertenece a un rayo y que cada rayo se identifica con un color. A su vez, cada grupo de ángeles tiene asignado un arcángel que los representa.

colores que representan a cada arcángel.

◊ **Arcángel Uriel**: Rayo rojo ⟶ Te ayuda con la supervivencia y la sexualidad.

◊ **Arcángel Gabriel:** Rayo naranja ⟶ Te ayuda con la energía y la creatividad.

◊ **Arcángel Jophiel:** Rayo amarillo ⟶ Te ayuda en tu sana relación con el poder.

◊ **Arcángel Rafael:** Rayo verde ⟶ Te ayuda con los sentimientos y con la salud.

◊ **Arcángel Miguel:** Rayo azul ⟶ Te ayuda con la comunicación y la protección frente a bajas energías.

◊ **Arcángel Raziel:** Rayo índigo ⟶ Te ayudan con la espiritualidad y la clarividencia.

◊ **Arcángel Chamuel:** Rayo rosado ⟶ Te ayudan con el amor en todas sus variantes.

Dicen por ahí que los ángeles nos escuchan, nos ayudan y protegen…Quiero pensar que son sus alas las que ahora acarician mi espalda mientras paso al pc este curso basado en uno que hice hace años.

Yo quiero pensar que son ellos los que guiaron a ciertas personas a recibir este curso o incluso a leer este libro, para que pasemos este tiempo juntos. Yo quiero pensar que son ellos los que hacen que cuando nos reunimos yo sienta tanto amor, porque esa es la gasolina que me hace seguir trabajando…

Que los ángeles y maestros guíen tu camino por siempre, que el amor de la fuente llene tu corazón y que siempre tengas un motivo para creer en la magia de los ángeles, incluso a sabiendas que pueden ser producto de la imaginación… Espero de corazón que disfrutes mucho de este texto y que lo leas a menudo, pero siempre siendo tu propio guía y recurriendo a tu sentido común…

Como siempre, ha sido un placer este tiempo contigo, como siempre un placer este tiempo entre ángeles…Te he sentido todo el tiempo…

Con amor: Mónika Rudner.

sobre la autora

Mónika Rudner. Naturópata y coach.

Nací en febrero, el loco, el cambiante, el rápido, el corto, el inestable...

De madrugada, trasnochando y pegada a San Valentín...

Enamorada de la vida.... Desobediente de vocación, rebelde con causa...

Mi causa: todo los seres de este planeta, el bueno, el malo, el gato y el árbol...

Trabajo en un plan de acción llamado La Alquimia de tu vida desde hace más de quince años. Especialista en técnicas de trabajo con energía. Maestra de Reiki y bioenergética floral. Iridióloga y coach.

Imparto cursos, talleres y charlas, pero nunca dejo de atender la consulta individual, ya que me encanta trabajar en primera línea, abrazando fuerte y secando lágrimas.

OTROS LIBROS

LIBROS DE LA ALQUIMIA DE TU VIDA